Ciclos de vida

El ciclo de vida de una rana

por Jamie Rice

Bullfrog en español

Ideas para padres y maestros

Bullfrog Books permite a los niños practicar la lectura de textos informativos desde el nivel principiante. Las repeticiones, palabras conocidas y descripciones en las imágenes ayudan a los lectores principiantes.

Antes de leer

- Hablen acerca de las fotografías. ¿Qué representan para ellos?
- Consulten juntos el glosario de las fotografías. Lean las palabras y hablen de ellas.

Durante la lectura

- Hojeen el libro y observen las fotografías. Deje que el niño haga preguntas. Muestre las descripciones en las imágenes.
- Léale el libro al niño o deje que él o ella lo lea independientemente.

Después de leer

- Anime al niño para que piense más. Pregúntele: Las ranas ponen huevos en el agua. ¿Puedes nombrar otros animales que hacen esto?

Bullfrog Books are published by Jump!
5357 Penn Avenue South
Minneapolis, MN 55419
www.jumplibrary.com

Library of Congress Cataloging-in-Publication Data

Names: Rice, Jamie, author.
Title: El ciclo de vida de una rana / por Jamie Rice.
Other titles: Frog's life cycle. Spanish
Description: Minneapolis, MN: Jump!, Inc., [2023]
Series: Ciclos de vida | Includes index.
Audience: Ages 5–8
Identifiers: LCCN 2022005018 (print)
LCCN 2022005019 (ebook)
ISBN 9781636909967 (hardcover)
ISBN 9781636909974 (paperback)
ISBN 9781636909981 (ebook)
Subjects: LCSH: Frogs—Life cycles
Juvenile literature.
Classification: LCC QL668.E2 R52618 2023 (print)
LCC QL668.E2 (ebook)
DDC 597.8/9156—dc23/eng/20220201

Editor: Eliza Leahy
Designer: Emma Bersie
Translator: Annette Granat

Photo Credits: Shutterstock, cover; Fablok/Shutterstock, 1; Brian Magnier/Shutterstock, 3; Birute Vijeikiene/Shutterstock, 4, 23tr; Astrid Gast/Shutterstock, 5, 22t, 23tl; Claudia Evans/Shutterstock, 6–7, 23tm; SanderMeertinsPhotography/Shutterstock, 7, 22mr, 23bm; Ken Griffiths/Shutterstock, 8; W. de Vries/Shutterstock, 9; David Chapman/Alamy, 10–11; Minden Pictures/SuperStock, 12–13, 22b, 23br; Mary Ann McDonald/Getty, 14–15; Dorling Kindersley ltd/Alamy, 16–17; Biosphoto/SuperStock, 18; Steve Bower/Shutterstock, 19, 23bl; FLPA/Alamy, 20–21; Juan Aceituno/Shutterstock, 22ml; Mirror-Images/Shutterstock, 24.

Printed in the United States of America at Corporate Graphics in North Mankato, Minnesota.

Tabla de contenido

Nadan y saltan

Una rana pone huevos en un estanque.

Los huevos flotan.

El centro de las ranas es oscuro.

¡Ellas empiezan a moverse!

Los renacuajos eclosionan.

Ellos tienen colas largas.

Nadan y respiran
en el agua.

Luego, a cada renacuajo le crecen patas.

Primero, le crecen dos patas traseras.

Después, le crecen dos patas delanteras.

Los pulmones les crecen.

¡Pueden respirar aire!

Ahora son renacuajos con cuatro patas.

renacuajo con cuatro patas

Un renacuajo con cuatro patas se ve como una rana.

Pero todavía tiene una cola.

La cola se va.

Ahora es un adulto.

¡Salta!

Las ranas comen insectos.

Sus largas lenguas
los atrapan.

lengua

Las ranas nadan en el agua.

Las patas palmeadas les ayudan.

Ellas también ponen huevos en el agua.

¡El ciclo de vida empieza otra vez!

huevos

El ciclo de vida de una rana

El ciclo de vida de una rana tiene cuatro etapas. ¡Échale un vistazo!

Glosario de fotografías

ciclo de vida
Los cambios que cada ser vivo atraviesa desde su nacimiento hasta su muerte.

eclosionan
Salen de los huevos.

flotan
Descansan o se mueven sobre un líquido.

palmeadas
Conectadas por la piel.

renacuajos
Ranas jóvenes que viven en el agua y tienen largas colas, pero no tienen patas.

renacuajos con cuatro patas
Las ranas en la etapa de crecimiento entre la de renacuajo y la de adulto.

Índice

Para aprender más

Aprender más es tan fácil como contar de 1 a 3.

1. Visita www.factsurfer.com
2. Escribe "elciclodevidadeunarana" en la caja de búsqueda.
3. Elige tu libro para ver una lista de sitios web.